Dieta Dash Libro de Cocina Facil

El libro de cocina para bajar la tensión arterial y llevar una vida sana con recetas rápidas, fáciles y sabrosas con platos bajos en sodio.

Jasmin Contrero

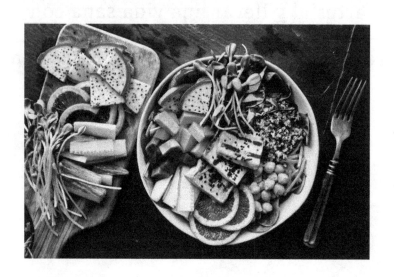

Índice

Garbanzo Coliflor Tikka Masala

Tiempo de preparación: 15 minutos

Hora de cocinar: 40 minutos

Porciones: 6

Ingredientes:

- 2 cucharadas de aceite de oliva

- 1 cebolla amarilla, pelada y cortada en cubitos

- 4 dientes de ajo, pelados y picados

- Un trozo de jengibre fresco de una pulgada, pelado y picado

- 2 cucharadas de Garam Masala

- 1 cucharadita de sal kosher o sal marina

- ½ cucharadita de pimienta negra molida

- ¼ cucharadita de pimienta de cayena molida

- ½ coliflor de cabeza pequeña, pequeños ramilletes

- 2 latas de 15 onzas de garbanzos sin sal, enjuagados y escurridos.

- 1 lata de 15 onzas de tomates pequeños sin sal añadida, escurridos.

- 1½ tazas de caldo de verduras sin sal

- ½ (15 onzas) lata de leche de coco

- Cáscara y jugo de 1 lima

- ½ taza de hojas de cilantro fresco, picadas, divididas

- 1½ tazas de arroz integral esponjoso cocido, dividido

Instrucciones:

1. Calentar el aceite de oliva a fuego medio, luego poner la cebolla y saltear en 4 o 5 minutos en un gran horno holandés o en una olla. Añada el ajo, el jengibre, el garam masala, la sal, la pimienta negra y la pimienta de cayena y tuéstelo durante 30 a 60 segundos, hasta que esté fragante.

2. Agregue los ramilletes de coliflor, los garbanzos, los tomates cortados en dados y el caldo de verduras y aumente a un nivel medio-alto. Hervir a fuego lento en 15 minutos, hasta que la coliflor esté tierna como un tenedor.

3. Retire, luego agregue la leche de coco, el jugo de limón, la cáscara de limón y la mitad del cilantro. Pruebe y ajuste el condimento, si es necesario. Sirva sobre el arroz y el resto del cilantro picado.

Nutrición:

Calorías: 323

Grasa: 12g

Sodio: 444mg

Carbohidratos: 44g

Proteína: 11g

Montones de berenjenas con parmesano

Tiempo de preparación: 15 minutos

Tiempo de cocción: 20 minutos

Porciones: 4

Ingredientes:

- 1 berenjena grande, cortada en rodajas gruesas

- 2 cucharadas de aceite de oliva, divididas

- ¼ cucharadita de sal kosher o sal marina

- ¼ cucharadita de pimienta negra molida

- 1 taza de migas de pan panko

- ¼ taza de queso parmesano recién rallado

- 5 o 6 dientes de ajo, picados

- ½ libra de mozzarella fresca, en rodajas

- 1½ tazas de marinara de bajo contenido de sodio

- ½ taza de hojas de albahaca fresca, desgarrada

Instrucciones:

1. Precaliente el horno a 425°F. Cubrir las rodajas de berenjena con una cucharada de aceite de oliva y espolvorearlas con sal y pimienta negra. Poner en una gran bandeja de hornear, luego asar durante 10 a 12

minutos, hasta que estén suaves con bordes crujientes. Retire la berenjena y ponga el horno a fuego lento.

2. En un tazón, revuelva la cucharada de aceite de oliva restante, las migas de pan, el queso parmesano y el ajo. Retire la berenjena enfriada de la bandeja de hornear y límpiela.

3. Crear capas en la misma hoja de hornear apilando una rebanada de berenjena asada con una rebanada de mozzarella, una cucharada de marinara y una cucharada de la mezcla de pan rallado, repitiendo con 2 capas de cada ingrediente. Cocinar bajo la parrilla en 3 o 4 minutos hasta que el queso se derrita y haga burbujas.

Nutrición:

Calorías: 377

Grasa: 22g

Sodio: 509mg

Carbohidratos: 29g

Proteína: 16g

Enchiladas de vegetales asados

Tiempo de preparación: 15 minutos

Hora de cocinar: 45 minutos

Porciones: 8

Ingredientes:

- 2 calabacines, cortados en cubos

- 1 pimiento rojo, sin semillas y en rodajas

- 1 cebolla roja, pelada y cortada en rodajas

- 2 mazorcas de maíz

- 2 cucharadas de aceite de canola

- 1 lata de frijoles negros sin sal, escurridos

- 1½ cucharadas de polvo de chile

- 2 cucharaditas de comino molido

- 1/8 de cucharadita de sal kosher o sal marina

- ½ cucharadita de pimienta negra molida

- 8 tortillas de trigo integral (8 pulgadas)

- 1 taza de salsa para enchiladas o salsa para enchiladas comprada en la tienda.

- ½ taza de queso rallado al estilo mexicano

- ½ taza de yogur griego sin grasa

- ½ taza de hojas de cilantro, picadas

Instrucciones:

1. Precaliente el horno a 400°F. Coloca el calabacín, el pimiento rojo y la cebolla roja en una bandeja de hornear. Coloca las mazorcas de maíz por separado en la misma bandeja para hornear. Rocíenlas con el aceite de canola y mézclenlas para cubrirlas. Asar durante 10 a 12 minutos, hasta que las verduras estén tiernas. Remover y reducir la temperatura a 375°F.

2. Corta el maíz de la mazorca. Pasa los granos de maíz, el calabacín, el pimiento rojo y la cebolla a un tazón y añade los frijoles negros, el chile en polvo, el comino, la sal y la pimienta negra hasta que se combinen.

3. Engrasó una bandeja de hornear de 9 por 13 pulgadas con spray de cocina. Alinee las tortillas en el plato para hornear engrasado. Distribuya uniformemente el relleno de frijoles vegetales en cada tortilla. Vierta la mitad de la salsa para enchiladas y espolvoree la mitad del queso rallado sobre el relleno.

4. Enrolle cada tortilla en forma de enchilada y colóquelas con la costura hacia abajo. Vierte el resto de la salsa de la enchilada y espolvorea el queso restante sobre las

enchiladas. Hornee durante 25 minutos hasta que el queso se derrita y haga burbujas. Sirva las enchiladas con yogur griego y cilantro picado.

Nutrición:

Calorías: 335

Grasa: 15g

Sodio: 557mg

Carbohidratos: 42g

Proteína: 13g

Tacos de lentejas y aguacates

Tiempo de preparación: 15 minutos

Hora de cocinar: 35 minutos

Porciones: 6

Ingredientes:

- 1 cucharada de aceite de canola

- ½ cebolla amarilla, pelada y cortada en cubitos

- 2-3 dientes de ajo, picados

- 1½ tazas de lentejas secas

- ½ cucharadita de sal kosher o sal marina

- 3 a 3½ tazas de caldo de verduras o de pollo sin sal

- 2½ cucharadas de condimento para tacos o condimento para tacos bajo en sodio comprado en la tienda

- 16 tortillas de maíz de 6 pulgadas, tostadas

- 2 aguacates maduros, pelados y cortados en rodajas

Instrucciones:

1. Calienta el aceite de canola en una sartén grande o en un horno holandés a fuego medio. Cocina la cebolla en

4 o 5 minutos, hasta que esté suave. Mezclar el ajo y cocinarlo en 30 segundos hasta que esté fragante. Luego agregue las lentejas, la sal y el caldo. Deje hervir a fuego lento de 25 a 35 minutos, añadiendo más caldo si es necesario.

2. Cuando sólo quede una pequeña cantidad de líquido en la sartén, y las lentejas estén al dente, añada el condimento para tacos y déjelo hervir a fuego lento durante 1 o 2 minutos. Prueben y ajusten el condimento, si es necesario. Ponga la mezcla de lentejas en las tortillas y sírvalas con las rodajas de aguacate.

Nutrición:

Calorías: 400

Grasa: 14g

Sodio: 336mg

Carbohidratos: 64g

Fibra: 15g

Proteína: 16g

Orecchiette de tomate y oliva con pesto de albahaca

Tiempo de preparación: 15 minutos

Tiempo de cocción: 25 minutos

Porciones: 6

Ingredientes:

- 12 onzas de pasta de orecchiette

- 2 cucharadas de aceite de oliva

- 1 pinta de tomates cherry, cortados en cuartos

- ½ taza de pesto de albahaca o pesto comprado en una tienda

- ¼ taza de aceitunas kalamata, en rodajas

- 1 cucharada de hojas de orégano seco

- ¼ cucharadita de sal kosher o sal marina

- ½ cucharadita de pimienta negra recién molida

- ¼ cucharadita de hojuelas de pimienta roja trituradas

- 2 cucharadas de queso parmesano recién rallado.

Instrucciones:

1. Hervir una gran olla de agua. Cocinar la orecchiette, escurrir y transferir la pasta a una gran sartén antiadherente.

2. Ponga la sartén a fuego medio-bajo, luego caliente el aceite de oliva. Añade los tomates cereza, el pesto, las aceitunas, el orégano, la sal, la pimienta negra y las escamas de pimienta roja trituradas. Cocine dentro de 8 a 10 minutos, hasta que se calienten por completo. Servir la pasta con el queso parmesano recién rallado.

Nutrición:

Calorías: 332

Grasa: 13g

Sodio: 389mg

Carbohidratos: 44g

Proteína: 9g

Hamburguesas de hongos Portobello rellenas de Italia

Tiempo de preparación: 15 minutos

Tiempo de cocción: 25 minutos

Porciones: 4

Ingredientes:

- 1 cucharada de aceite de oliva

- 4 setas portobello grandes, lavadas y secadas

- ½ cebolla amarilla, pelada y cortada en cubitos

- 4 dientes de ajo, pelados y picados

- 1 lata de frijoles cannellini, escurridos

- ½ taza de hojas de albahaca fresca, desgarrada

- ½ taza panko pan rallado

- 1/8 de cucharadita de sal kosher o sal marina

- ¼ cucharadita de pimienta negra molida

- 1 taza de marinara baja en sodio, dividida

- ½ taza de queso mozzarella rallado

- 4 panes de trigo integral, tostados

- 1 taza de rúcula fresca

Instrucciones:

1. Calienta el aceite de oliva en una sartén grande a fuego medio-alto. Dorar los hongos durante 4 o 5 minutos por cada lado, hasta que estén ligeramente blandos. Colóquelos en una bandeja de hornear. Precalentar el horno a fuego lento.

2. Ponga la cebolla en la sartén y cocínela de 4 a 5 minutos, hasta que esté ligeramente blanda. Mezcla el ajo y cocina en 30 a 60 segundos. Mueva las cebollas y el ajo a un tazón. Añadan los frijoles cannellini y aplástenlos con la parte posterior de un tenedor para formar una pasta con trozos. Añade la albahaca, el pan rallado, la sal, la pimienta negra y la mitad de la marinara. Cocine durante 5 minutos.

3. Retira la mezcla de frijoles de la estufa y divídela entre los sombreros de los hongos. Ponga la marinara restante sobre los champiñones rellenos y cubra cada uno con el queso mozzarella. Ase en 3 o 4 minutos, hasta que el queso esté derretido y burbujeante. Pasen las hamburguesas a los panecillos de trigo integral tostados y cubran con la rúcula.

Nutrición:

Calorías: 407

Grasa: 9g

Sodio: 575mg

Carbohidratos: 63g

Proteína: 25g

Ñoquis con salsa de tomate y albahaca

Tiempo de preparación: 15 minutos

Tiempo de cocción: 25 minutos

Porciones: 6

Ingredientes:

- 2 cucharadas de aceite de oliva

- ½ cebolla amarilla, pelada y cortada en cubitos

- 3 dientes de ajo, pelados y picados

- 1 lata de 32 onzas de tomates San Marzano triturados sin sal.

- ¼ taza de hojas de albahaca fresca

- 2 cucharaditas de condimento italiano

- ½ cucharadita de sal kosher o sal marina

- 1 cucharadita de azúcar granulada

- ½ cucharadita de pimienta negra molida

- 1/8 de cucharadita de hojuelas de pimienta roja trituradas

- 1 cucharada de crema pesada (opcional)

- 12 onzas de ñoquis

- ¼ taza de queso parmesano recién rallado

Instrucciones:

1. Calentar el aceite de oliva en un horno holandés o en una olla a fuego medio. Añade la cebolla y saltéala durante 5 o 6 minutos, hasta que esté blanda. Añada el ajo y revuelva hasta que esté fragante, de 30 a 60 segundos. Luego agregue los tomates, la albahaca, el condimento italiano, la sal, el azúcar, la pimienta negra y las hojuelas de pimiento rojo trituradas.

2. Poner a hervir a fuego lento durante 15 minutos. Añada la crema espesa, si lo desea. Para una salsa suave y puré, use una licuadora de inmersión o transfiera la salsa a una licuadora y haga puré hasta que esté suave. Pruebe y ajuste el condimento, si es necesario.

3. Mientras la salsa hierve a fuego lento, cocine los ñoquis según las instrucciones del paquete, retírelos con una cuchara ranurada y páselos a 6 tazones. Vierte la salsa sobre los ñoquis y cúbrelos con el queso parmesano.

Nutrición:

Calorías: 287

Grasa: 7g

Sodio: 527mg

Carbohidratos: 41g

Proteína: 10g

Pasta de calabaza cremosa

Tiempo de preparación: 15 minutos

Hora de cocinar: 30 minutos

Porciones: 6

Ingredientes:

- Una libra de linguine de grano entero

- 1 cucharada de aceite de oliva

- 3 dientes de ajo, pelados y picados

- 2 cucharadas de salvia fresca picada

- 1½ tazas de puré de calabaza

- 1 taza de caldo vegetal sin sal

- ½ taza de leche evaporada baja en grasa

- ¾ cucharadita de sal kosher o sal marina

- ½ cucharadita de pimienta negra molida

- ½ cucharadita de nuez moscada molida

- ¼ cucharadita de pimienta de cayena molida

- ½ taza de queso parmesano recién rallado, dividido

Instrucciones:

1. Cocina el linguine integral en una gran olla de agua hervida. Reservar ½ taza de agua de la pasta y escurrir el resto. Ponga la pasta a un lado.

2. Calienta el aceite de oliva a fuego medio en una sartén grande. Añade el ajo y la salvia y saltéalos durante 1 o 2 minutos, hasta que estén suaves y fragantes. Bata el puré de calabaza, el caldo, la leche y el agua de la pasta reservada y cocine a fuego lento de 4 a 5 minutos, hasta que se espese.

3. Añade la sal, la pimienta negra, la nuez moscada, la pimienta de cayena y la mitad del queso parmesano. Revuelva el linguine integral cocido. Dividir uniformemente la pasta en 6 tazones y cubrir con el queso parmesano restante.

Nutrición:

Calorías: 381

Grasa: 8g

Sodio: 175mg

Carbohidratos: 63g

Proteína: 15g

Cazuela de papas al estilo mexicano

Tiempo de preparación: 15 minutos

Tiempo de cocción: 60 minutos

Porciones: 8

Ingredientes:

- Spray de cocina

- 2 cucharadas de aceite de canola

- ½ cebolla amarilla, pelada y cortada en cubitos

- 4 dientes de ajo, pelados y picados

- 2 cucharadas de harina para todo uso

- 1¼ tazas de leche

- 1 cucharada de chile en polvo

- ½ cucharada de comino molido

- 1 cucharadita de sal kosher o sal marina

- ½ cucharadita de pimienta negra molida

- ¼ cucharadita de pimienta de cayena molida

- 1½ tazas de queso estilo mexicano rallado, dividido

- 1 lata de 4 onzas de chiles verdes, escurridos

- 1½ libras bebé Yukon Gold o patatas rojas, en rodajas finas

- 1 pimiento rojo, cortado en rodajas finas

Instrucciones:

1. Precaliente el horno a 400°F. Engrasar una bandeja de hornear de 9 por 13 pulgadas con spray de cocina. En una cacerola grande, calentar el aceite de canola a fuego medio. Añade la cebolla y saltéala durante 4 o 5 minutos, hasta que esté blanda. Mezcle el ajo y cocine hasta que esté fragante, de 30 a 60 segundos.

2. Mezclar en la harina, luego poner en la leche mientras se bate. Cocine a fuego lento durante unos 5 minutos, hasta que se espese. Bata el polvo de chile, el comino, la sal, la pimienta negra y la pimienta de cayena.

3. Retire del fuego y bata la mitad del queso rallado y los chiles verdes. Pruebe y ajuste el condimento, si es necesario. Alinee un tercio de las patatas y los pimientos rebanados en la bandeja de hornear y ponga encima un cuarto del queso rallado restante.

4. Repita con dos capas más. Vierta la salsa de queso por encima y espolvoree el resto del queso rallado. Cúbrelo con papel de aluminio y hornea de 45 a 50 minutos, hasta que las patatas estén tiernas.

5. Quitar el papel de aluminio y hornear de nuevo dentro de 5 a 10 minutos, hasta que la cubierta esté ligeramente dorada. Deje enfriar dentro de 20 minutos antes de cortar en 8 pedazos. Servir.

Nutrición:

Calorías: 195

Grasa: 10g

Sodio: 487mg

Carbohidratos: 19g

Proteína: 8g

Estofado de frijoles negros con pan de maíz

Tiempo de preparación: 15 minutos

Tiempo de cocción: 55 minutos

Porciones: 6

Ingredientes:

Para el guiso de frijoles negros:

- 2 cucharadas de aceite de canola

- 1 cebolla amarilla, pelada y cortada en cubitos

- 4 dientes de ajo, pelados y picados

- 1 cucharada de chile en polvo

- 1 cucharada de comino molido

- ¼ cucharadita de sal kosher o sal marina

- ½ cucharadita de pimienta negra molida

- 2 latas de frijoles negros sin sal, escurridos.

- 1 lata (10 onzas) de tomates cortados en dados asados al fuego

- ½ taza de hojas de cilantro fresco, picadas

Para la cobertura de pan de maíz:

- 1¼ tazas de harina de maíz

- ½ taza de harina para todo uso

- ½ cucharadita de polvo de hornear

- ¼ cucharadita de bicarbonato de sodio

- 1/8 de cucharadita de sal kosher o sal marina

- 1 taza de suero de leche bajo en grasa

- 2 cucharadas de miel

- 1 huevo grande

Instrucciones:

1. Calentar aceite de canola a fuego medio en un gran horno holandés o una olla. Añade la cebolla y saltéala de 4 a 6 minutos, hasta que la cebolla esté blanda. Añade el ajo, el chile en polvo, el comino, la sal y la pimienta negra.

2. Cocina en 1 o 2 minutos, hasta que esté fragante. Añade los frijoles negros y los tomates cortados en cubos. Deje que hierva a fuego lento y cocine durante 15 minutos. Remover, y luego agregar el cilantro fresco. Pruebe y ajuste el condimento, si es necesario.

3. Precaliente el horno a 375°F. Mientras el estofado hierve a fuego lento, prepara la cobertura de pan de

maíz. Mezcla la harina de maíz, el bicarbonato de sodio, la harina, el polvo de hornear y la sal en un tazón. En una taza medidora, bata el suero de leche, la miel y el huevo hasta que se mezclen. Ponga la masa en el preparado seco hasta que se mezcle bien.

4. En tazones o platos para el horno, sirva la sopa de frijoles negros con una cuchara. Distribuyan por encima los trozos de masa de pan de maíz y luego extiéndanla uniformemente con una espátula. Hornee dentro de 30 minutos, hasta que el pan de maíz esté listo.

Nutrición:

Calorías: 359

Grasa: 7g

Sodio: 409mg

Carbohidratos: 61g

Proteína: 14g

Hongo florentino

Tiempo de preparación: 15 minutos

Tiempo de cocción: 20 minutos

Porciones: 4

Ingredientes:

- 5 oz de pasta integral

- ¼ taza de caldo de verduras bajo en sodio

- 1 taza de champiñones, en rodajas

- ¼ taza de leche de soja

- 1 cucharadita de aceite de oliva

- ½ cucharadita de condimentos italianos

Instrucciones:

1. Cocina la pasta según las indicaciones del fabricante. Luego vierta aceite de oliva en la cacerola y caliéntela. Añade los champiñones y los condimentos italianos. Revuelva bien los champiñones y cocínelos durante 10 minutos.

2. Luego agrega leche de soja y caldo vegetal. Añade la pasta cocida y mezcla bien la mezcla. Cocínala durante 5 minutos a fuego lento.

Nutrición:

Calorías 287

Proteína 12.4g

Hidratos de carbono 50.4g

Grasa 4.2g

Sodio 26mg

Berenjena Hasselback

Tiempo de preparación: 15 minutos

Tiempo de cocción: 25 minutos

Porciones: 2

Ingredientes:

- 2 berenjenas, recortadas

- 2 tomates, en rodajas

- 1 cucharada de yogur bajo en grasa

- 1 cucharadita de polvo de curry

- 1 cucharadita de aceite de oliva

Instrucciones:

1. Haz los cortes en las berenjenas con la forma del Hasselback. Luego frota las verduras con polvo de curry y rellena con tomates en rodajas. Espolvorea las berenjenas con aceite de oliva y yogur y envuélvelas en el papel de aluminio (cada berenjena Hasselback se envuelve por separado). Hornee las verduras a 375F durante 25 minutos.

Nutrición:

Calorías 188

Proteína 7g

Hidratos de carbono 38,1g

Grasa 3g

Sodio 23mg

Kebabs vegetarianos

Tiempo de preparación: 15 minutos

Tiempo de cocción: 6 minutos

Porciones: 4

Ingredientes:

- 2 cucharadas de vinagre balsámico

- 1 cucharada de aceite de oliva

- 1 cucharadita de perejil seco

- 2 cucharadas de agua

- 2 pimientos dulces

- 2 cebollas rojas, peladas

- 2 calabacines, recortados

Instrucciones:

1. Corta los pimientos y las cebollas en cuadrados de tamaño medio. Luego rebane el calabacín. Ensarten todas las verduras en los pinchos. Después de esto, en un recipiente poco profundo, mezclar el aceite de oliva, perejil seco, agua y vinagre balsámico.

2. Espolvorea los pinchos de verduras con la mezcla de aceite de oliva y transfiere en la parrilla precalentada a 390F. Cocine las brochetas dentro de 3 minutos por cada lado o hasta que las verduras estén de color marrón claro.

Nutrición:

Calorías 88

Proteína 2.4g

Hidratos de carbono 13g

Grasa 3.9g

Sodio 14mg

Estofado de frijoles blancos

Tiempo de preparación: 15 minutos

Tiempo de cocción: 55 minutos

Porciones: 4

Ingredientes:

- 1 taza de judías blancas, empapadas

- 1 taza de caldo de verduras bajo en sodio

- 1 taza de calabacín, picado

- 1 cucharadita de pasta de tomate

- 1 cucharada de aceite de aguacate

- 4 tazas de agua

- ½ cucharadita de pimienta en grano

- ½ cucharadita de pimienta negra molida

- ¼ cucharadita de nuez moscada molida

Instrucciones:

1. Calentar el aceite de aguacate en la cacerola, añadir los calabacines y asarlos durante 5 minutos. Después de esto, agregue frijoles blancos, caldo de vegetales, pasta de tomate, agua, granos de pimienta, pimienta negra

molida y nuez moscada molida. Cueza el estofado a
fuego lento durante 50 minutos.

Nutrición:

Calorías 184

Proteína 12.3g

Hidratos de carbono 32,6 g

Grasa 1g

Sodio 55mg

Lasaña vegetariana

Tiempo de preparación: 15 minutos

Hora de cocinar: 30 minutos

Porciones: 6

Ingredientes:

- 1 taza de zanahoria, cortada en cubos

- ½ taza de pimiento, en cubitos

- 1 taza de espinacas picadas

- 1 cucharada de aceite de oliva

- 1 cucharadita de chile en polvo

- 1 taza de tomates, picados

- 4 onzas de queso cottage bajo en grasa

- 1 berenjena, en rodajas

- 1 taza de caldo de verduras bajo en sodio

Instrucciones:

1. Ponga la zanahoria, el pimiento y las espinacas en la cacerola. Añada el aceite de oliva y el chile en polvo y revuelva bien las verduras. Cocínalas durante 5 minutos.

2. Haz la capa de berenjena en rodajas en el molde de la cacerola y cúbrela con la mezcla de verduras. Añade los tomates, el caldo de verduras y el requesón. Hornee la lasaña durante 30 minutos a 375F.

Nutrición:

Calorías 77

Proteína 4.1g

Hidratos de carbono 9.7g

Grasa 3g

Sodio 124mg

Pasteles de zanahoria

Tiempo de preparación: 15 minutos

Tiempo de cocción: 10 minutos

Porciones: 4

Ingredientes:

- 1 taza de zanahoria, rallada

- 1 cucharada de sémola

- 1 huevo, batido

- 1 cucharadita de condimentos italianos

- 1 cucharada de aceite de sésamo

Instrucciones:

1. En el tazón de mezclar, mezclar zanahoria rallada, sémola, huevo y condimentos italianos. Caliente el aceite de sésamo en la sartén. Hacer los pasteles de zanahoria con la ayuda de 2 cucharas y ponerlos en la sartén. Asar los pasteles durante 4 minutos por cada lado.

Nutrición:

Calorías 70

Proteína 1.9g

Hidratos de carbono 4,8 g

Grasa 4.9g

Sodio 35mg

Chili Vegano

Tiempo de preparación: 15 minutos

Tiempo de cocción: 25 minutos

Porciones: 4

Ingredientes:

- ½ cup bulgur

- 1 taza de tomates, picados

- 1 pimiento picante, picado

- 1 taza de frijoles rojos, cocidos

- 2 tazas de caldo de verduras bajo en sodio

- 1 cucharadita de pasta de tomate

- ½ taza de tallo de apio, picado

Instrucciones:

1. Ponga todos los ingredientes en la cacerola grande y revuelva bien. Cierre la tapa y cocine el chile a fuego lento durante 25 minutos a fuego medio-bajo.

Nutrición:

Calorías 234

Proteína 13.1g

Hidratos de carbono 44,9g

Grasa 0.9g

Sodio 92mg

Espaguetis integrales aromáticos

Tiempo de preparación: 15 minutos

Tiempo de cocción: 10 minutos

Porciones: 2

Ingredientes:

- 1 cucharadita de albahaca seca

- ¼ taza de leche de soja

- 6 oz de espaguetis integrales

- 2 tazas de agua

- 1 cucharadita de nuez moscada molida

Instrucciones:

1. Poner el agua a hervir, añadir los espaguetis y cocinarlos durante 8-10 minutos. Mientras tanto, pongan la leche de soja a hervir. Escurrir los espaguetis cocidos y mezclarlos con leche de soja, nuez moscada molida y albahaca seca. Revuelva bien la comida.

Nutrición:

Calorías 128

Proteína 5.6g

Hidratos de carbono 25g

Grasa 1.4g

Sodio 25mg

Tomates gruesos

Tiempo de preparación: 15 minutos

Tiempo de cocción: 15 minutos

Porciones: 3

Ingredientes:

- 2 tazas de tomates ciruela, picados en trozos grandes.

- ½ taza de cebolla, picada

- ½ cucharadita de ajo, en cubitos

- 1 cucharadita de condimentos italianos

- 1 cucharadita de aceite de canola

- 1 pimiento picante, picado

Instrucciones:

1. Calienta el aceite de canola en la cacerola. Añade el pimiento y la cebolla. Cocina las verduras durante 5 minutos. Remuévelas de vez en cuando. Después de esto, agregue los tomates, el ajo y los condimentos italianos. Cierre la tapa y saltee el plato durante 10 minutos.

Nutrición:

Calorías 550

Proteína 1.7g

Hidratos de carbono 8,4 g

Grasa 2.3g

Sodio 17mg

Falafel al horno

Tiempo de preparación: 15 minutos

Tiempo de cocción: 25 minutos

Porciones: 6

Ingredientes:

- 2 tazas de garbanzos, cocidos

- 1 cebolla amarilla, picada

- 3 cucharadas de aceite de oliva

- 1 taza de perejil fresco, picado

- 1 cucharadita de comino molido

- ½ cucharadita de cilantro

- 2 dientes de ajo, cortados en cubos

Instrucciones:

1. Mezclar todos los accesorios en el procesador de alimentos. Precalentar el horno a 375F. Luego forre la bandeja de hornear con el papel de hornear. Haz las bolas con la mezcla de garbanzos y presiónalas suavemente en la forma del falafel. Poner el falafel en la bandeja y hornear en el horno durante 25 minutos.

Nutrición:

Calorías 316

Proteína 13.5g

Hidratos de carbono 43,3 g

Grasa 11.2g

Fibra 12.4g

Sodio 23mg

Paella

Tiempo de preparación: 15 minutos

Tiempo de cocción: 25 minutos

Porciones: 6

Ingredientes:

- 1 cucharadita de azafrán seco

- 1 taza de arroz de grano corto

- 1 cucharada de aceite de oliva

- 2 tazas de agua

- 1 cucharadita de copos de chile

- 6 oz de corazones de alcachofa, picados

- ½ taza de guisantes verdes

- 1 cebolla, en rodajas

- 1 taza de pimiento en rodajas

Instrucciones:

1. Vierte agua en la cacerola. Añade el arroz y cocínalo durante 15 minutos. Mientras tanto, calienta el aceite de oliva en la sartén. Añade el azafrán seco, las hojuelas

de chile, la cebolla y el pimiento. Asa las verduras durante 5 minutos.

2. Añádelos al arroz cocido. Luego agregue los corazones de alcachofa y los guisantes verdes. Remueve bien la paella y cocínala durante 10 minutos a fuego lento.

Nutrición:

Calorías 170

Proteína 4.2g

Hidratos de carbono 32,7 g

Grasa 2.7g

Sodio 33mg

Pasteles de hongos

Tiempo de preparación: 15 minutos

Tiempo de cocción: 10 minutos

Porciones: 4

Ingredientes:

- 2 tazas de champiñones, picados

- 3 dientes de ajo, picados

- 1 cucharada de eneldo seco

- 1 huevo, batido

- ¼ taza de arroz, cocido

- 1 cucharada de aceite de sésamo

- 1 cucharadita de chile en polvo

Instrucciones:

1. Muele los hongos en el procesador de alimentos. Añade ajo, eneldo, huevo, arroz y chile en polvo. Mezclar la mezcla durante 10 segundos. Después de esto, calentar el aceite de sésamo durante 1 minuto.

2. Haz los pasteles de hongos de tamaño medio y ponlos en el aceite de sésamo caliente. Cocina los pasteles de hongos durante 5 minutos por cada lado a fuego medio.

Nutrición:

Calorías 103

Proteína 3.7g

Hidratos de carbono 12g

Grasa 4.8g

Sodio 27mg

Anillos de berenjena glaseados

Tiempo de preparación: 15 minutos

Tiempo de cocción: 10 minutos

Porciones: 4

Ingredientes:

- 3 berenjenas, en rodajas

- 1 cucharada de miel líquida

- 1 cucharadita de jengibre picado

- 2 cucharadas de jugo de limón

- 3 cucharadas de aceite de aguacate

- ½ cucharadita de cilantro molido

- 3 cucharadas de agua

Instrucciones:

1. Frota las berenjenas con cilantro molido. Luego calienta el aceite de aguacate en la sartén durante 1 minuto. Cuando el aceite esté caliente, agregue la berenjena en rodajas y dispóngala en una capa.

2. Cocina las verduras durante 1 minuto por cada lado. Transfiera la berenjena al tazón. Luego agregue el jengibre picado, la miel líquida, el jugo de limón y el

agua en la sartén. Ponerla a hervir y añadir las berenjenas cocidas. Cubrir bien las verduras en el líquido dulce y cocinarlas durante 2 minutos más.

Nutrición:

Calorías 136

Proteína 4.3g

Hidratos de carbono 29,6 g

Grasa 2.2g

Sodio 11mg

Bolas de papa dulce

Tiempo de preparación: 15 minutos

Tiempo de cocción: 10 minutos

Porciones: 4

Ingredientes:

- 1 taza de papa dulce, machacada, cocida

- 1 cucharada de cilantro fresco, picado

- 1 huevo, batido

- 3 cucharadas de avena molida

- 1 cucharadita de pimentón molido

- ½ cucharadita de cúrcuma molida

- 2 cucharadas de aceite de coco

Instrucciones:

1. Mezcla puré de batata, cilantro fresco, huevo, avena molida, pimentón y cúrcuma en un tazón. Revuelva la mezcla hasta que esté suave y haga las bolitas. Calentar el aceite de coco en la cacerola. Poner las bolitas de batata y cocinarlas hasta que se doren.

Nutrición:

Calorías 133

Proteína 2.8g

Hidratos de carbono 13,1 g

Grasa 8.2g

Sodio 44mg

Curry de garbanzos

Tiempo de preparación: 15 minutos

Tiempo de cocción: 10 minutos

Porciones: 4

Ingredientes:

- 1 ½ taza de garbanzos, hervidos

- 1 cucharadita de polvo de curry

- ½ cucharilla garam masala

- 1 taza de espinacas picadas

- 1 cucharadita de aceite de coco

- ¼ taza de leche de soja

- 1 cucharada de pasta de tomate

- ½ taza de agua

Instrucciones:

1. Calienta el aceite de coco en la cacerola. Añade el polvo de curry, el garam masala, la pasta de tomate y la leche de soja. Batir la mezcla hasta que esté suave y llevarla a hervir.

2. Añade agua, espinacas y garbanzos. Revuelva la comida y cierre la tapa. Cocínalo en 5 minutos a fuego medio.

Nutrición:

Calorías 298

Proteína 15.4g

Hidratos de carbono 47.8g

Grasa 6.1g

Sodio 37mg

Salmón frito con ensalada

Tiempo de preparación: 15 minutos

Tiempo de cocción: 20 minutos

Porciones: 4

Ingredientes:

- Una pizca de sal y pimienta

- 1 cucharada de aceite de oliva extra virgen

- 2 cucharadas de mantequilla sin sal

- ½ cucharadita de eneldo fresco

- 1 cucharada de jugo de limón fresco

- 100g de hojas de ensalada, o una bolsa de hojas mixtas

- Aderezo para la ensalada:

- 3 cucharadas de aceite de oliva

- 2 cucharadas de vinagreta balsámica

- 1/2 cucharadita de jarabe de arce (miel)

Instrucciones:

1. Seca los filetes de salmón con una toalla de papel y sazona con una pizca de sal y pimienta. En una sartén,

calentar el aceite a fuego medio-alto y añadir los filetes. Cocine cada lado de 5 a 7 minutos hasta que se doren.

2. Disuelva la mantequilla, el eneldo y el jugo de limón en una pequeña cacerola. Ponga la mezcla de mantequilla sobre el salmón cocido. Por último, combinar todos los ingredientes del aderezo y rociar con hojas de ensalada mezcladas en un gran tazón. Mezclar para cubrir. Servir con ensaladas frescas a un lado. ¡Que aproveche!

Nutrición:

Calorías 307

Grasa 22g

Proteína 34.6g

Sodio 80mg

Carbohidratos 1,7g

Variedad de vegetales

Tiempo de preparación: 15 minutos

Tiempo de cocción: 15 minutos

Porciones: 2

Ingredientes:

- ½ cebolla, picada

- 1 cucharadita de aceite vegetal (aceite de maíz o de girasol)

- 200 g de tofu/cuajada de judías

- 4 tomates cherry, cortados por la mitad

- 30ml de leche vegetal (leche de soja o de avena)

- ½ cucharadita de polvo de curry

- 0,25 cucharaditas de pimentón

- Una pizca de sal y pimienta

- 2 rebanadas de pan de proteína vegana / Pan integral

- Cebollino para adornar

Instrucciones:

1. Picar la cebolla y freírla en una sartén con el aceite. Romper el tofu a mano en pequeños trozos y ponerlos

en la sartén. Saltear 7-8 min. Sazonar con curry, pimentón, sal y pimienta. Los tomates cherry y la leche y cocínalo todo sobre el asado unos minutos. Servir con pan al gusto y espolvorear con cebollino picado.

Nutrición:

Calorías 216

Grasa 8.4g

Proteína 14.1g

Sodio 140mg

Carbohidratos 24,8g

Pasta de vegetales

Tiempo de preparación: 15 minutos

Tiempo de cocción: 15 minutos

Porciones: 4

Ingredientes:

- 1 kg de calabacín delgado

- 20 g de jengibre fresco

- 350g de tofu ahumado

- 1 lima

- 2 dientes de ajo

- 2 cucharadas de aceite de girasol

- 2 cucharadas de semillas de sésamo

- Una pizca de sal y pimienta

- 4 cucharadas de cebollas fritas

Instrucciones:

1. Lavar y limpiar los calabacines y, con un cortador de juliana, cortar la pulpa alrededor del grano en tiras largas y finas (fideos). Pelar el jengibre y cortarlo

finamente. Desmenuzar el tofu. Cortar la lima por la mitad, exprimir el jugo. Pelar y picar el ajo.

2. Calienta una cucharada de aceite en una sartén grande y fríe el tofu durante unos 5 minutos. Después de unos 3 minutos, agregue jengibre, ajo y sésamo. Sazonar con salsa de soja. Sáquelo de la sartén y manténgalo caliente.

3. Limpia la sartén y calienta dos cucharadas de aceite en ella. Revuelva las tiras de calabacín durante unos 4 minutos mientras las voltea. Sazonar con sal, pimienta y jugo de limón. Disponer la pasta y el tofu. Espolvorear con cebollas fritas.

Nutrición:
Calorías 262
Grasa 17.7g
Proteína 15.4g
Sodio 62mg
Carbohidratos 17,1g

Fideos vegetales con boloñesa

Tiempo de preparación: 15 minutos

Tiempo de cocción: 15 minutos

Porciones: 4

Ingredientes:

- 1,5 kg dc calabacín pequeño (por ejemplo, verde y amarillo)

- 600g de zanahorias

- 1 cebolla

- 1 cucharada de aceite de oliva

- 250g de filete de carne de vacuno

- Una pizca de sal y pimienta

- 2 cucharadas de pasta de tomate

- 1 cucharada de harina

- 1 cucharadita de caldo de verduras (instantáneo)

- 40g de pecorino o parmesano

- 1 pequeño orinal de albahaca

Instrucciones:

1. Limpia y pela los calabacines y las zanahorias y lávalos. Usando un cuchillo largo y afilado, cortar primero en rodajas finas, luego en tiras largas y finas. Limpiar o pelar las verduras de la sopa, lavar y cortar en pequeños cubos. Pelar la cebolla y picarla finamente. Calentar el aceite boloñés en una sartén grande. Fríe los trozos en ella desmenuzados. Sazonar con sal y pimienta.

2. Saltee brevemente los cubos de verdura y cebolla preparados. Añada la pasta de tomate. Espolvoree la harina, sude brevemente. Vierta 400 ml de agua y añada el caldo de verduras. Hervir todo, cocer a fuego lento durante 7-8 minutos.

3. Mientras tanto, cocine las tiras de verduras en abundante agua salada durante 3-5 minutos. Escúrrelas, recogiendo un poco de agua de cocción. Añade las tiras de verdura a la sartén y mézclalas bien. Si la salsa no es lo suficientemente líquida, añada un poco de agua de cocción de verduras y sazone todo de nuevo.

4. Cortando el queso en finas virutas. Lavar la albahaca, sacudirla, pelar las hojas y cortarla en trozos grandes. Arreglar los fideos de verduras, espolvorear con parmesano y albahaca

Nutrición:

Calorías 269

Grasa 9.7g

Proteína 25.6g

Sodio 253mg

Carbohidratos 21,7g

Harissa Bolognese con fideos de vegetales

Tiempo de preparación: 15 minutos

Hora de cocinar: 30 minutos

Porciones: 4

Ingredientes:

- 2 cebollas

- 1 diente de ajo

- 3-4 cucharadas de aceite

- 400g de carne molida

- Una pizca de sal, pimienta, canela

- 1 cucharadita de Harissa (pasta de condimento árabe, en tubo)

- 1 cucharada de pasta de tomate

- 2 patatas dulces

- 2 calabacines medianos

- 3 tallos/albahaca

- 100g de feta

Instrucciones:

1. Pele las cebollas y el ajo, y córtelos en dados finos. Calienta una cucharada de aceite en una cacerola ancha. Fríe los trozos en migajas. Fríe las cebollas y el ajo por un corto tiempo. Sazonar con sal, pimienta y ½ cucharadita de canela. Añade la harissa y la pasta de tomate.

2. Añade los tomates y 200 ml de agua, ponlos a hervir y déjalos cocer a fuego lento durante unos 15 minutos, revolviéndolos de vez en cuando. Pele las batatas y los calabacines o límpielos y lávelos. Cortar las verduras en espaguetis con un cortador en espiral.

3. Calienta 2 o 3 cucharadas de aceite en una sartén grande. Cocer a fuego lento los espaguetis de boniato durante unos 3 minutos. Añade los espaguetis de calabacín y continúa hirviendo a fuego lento durante 3-4 minutos mientras los giras.

4. Sazonar con sal y pimienta. Lavar la albahaca, sacudirla y pelar las hojas. Adorne los espaguetis vegetales y la boloñesa en los platos. El feta se desmorona. Espolvorear con albahaca.

Nutrición:

Calorías 452

Grasa 22.3g

Proteína 37.1g

Sodio 253mg

Carbohidratos 27,6 g

Fideos de vegetales al curry con pollo

Tiempo de preparación: 15 minutos

Tiempo de cocción: 15 minutos

Porciones: 2

Ingredientes:

- 600g de calabacín

- 500g de filete de pollo

- Una pizca de sal y pimienta

- 2 cucharadas de aceite

- 150 g de tomates cherry rojos y amarillos

- 1 cucharadita de polvo de curry

- 150g de queso sin grasa

- 200 ml de caldo de verduras

- 4 tallo(s) de albahaca fresca

Instrucciones:

1. Lava el calabacín, límpialo y córtalo en tiras largas y finas con un cortador en espiral. Lavar la carne, secarla y sazonarla con sal. Calentar una cucharada de aceite en una sartén. Ase el pollo en ella durante unos 10 minutos hasta que se dore.

2. Lavar los tomates cherry y cortarlos por la mitad. Aproximadamente 3 minutos antes de que termine el tiempo de cocción del pollo en la sartén. Calentar una cucharada de aceite en otra sartén. Sudar el polvo de curry en ella y luego revolver el queso crema y el caldo. Saborea la salsa con sal y pimienta y déjala cocer a fuego lento durante unos 4 minutos.

3. Lava la albahaca, sécala y arranca las hojas de los tallos. Cortar hojas pequeñas de 3 tallos. Quitar la carne de la sartén y cortarla en tiras. Añade los tomates, la albahaca y el calabacín a la salsa y caliéntala durante 2-3 minutos. Servir los fideos de verduras y la carne en platos y adornar con albahaca.

Nutrición:

Calorías 376

Grasa 17.2g

Proteína 44.9g

Sodio 352mg

Carbohidratos 9,5

Colesterol 53mg

Fideos de vegetales agridulces

Tiempo de preparación: 15 minutos

Hora de cocinar: 30 minutos

Porciones: 4

Ingredientes:

- 4 filetes de pollo (75 g cada uno)

- 300g de espaguetis integrales

- 750g de zanahorias

- ½ litro de caldo de pollo claro (instantáneo)

- 1 cucharada de azúcar

- 1 cucharada de granos de pimienta verde

- 2-3 cucharadas de vinagre balsámico

- Flores capuchinas

- Una pizca de sal

Instrucciones:

1. Cocina los espaguetis en agua hirviendo durante unos 8 minutos. Luego escúrralos. Mientras tanto, pelar y lavar las zanahorias. Córtelas en tiras largas (mejor con un rallador especial). Escaldar en 2 minutos en agua salada

hirviendo, escurrir. Lavar los filetes de pollo. Añádelos a la sopa de pollo hirviendo y cocínalos durante unos 15 minutos.

2. Derretir el azúcar hasta que se dore. Mida 1/4 de litro de caldo de pollo y desglose el azúcar con él. Añade los granos de pimienta y cocina durante 2 minutos. Sazonar con sal y vinagre. Añade los filetes, y luego córtalos en rodajas finas. Luego, voltear la pasta y las zanahorias en la salsa y servirlas adornadas con flores de capuchino. Servir y disfrutar.

Nutrición:

Calorías 374

Grasa 21g

Proteína 44g

Sodio 295mg

Carbohidratos 23,1

Sándwich de atún

Tiempo de preparación: 15 minutos

Tiempo de cocción: 0 minutos

Porciones: 1

Ingredientes:

- 2 rebanadas de pan integral

- Una lata de 16 onzas de atún bajo en sodio en agua, en su jugo...

- 2 cucharaditas de yogur (1,5% de grasa) o mayonesa baja en grasa.

- 1 tomate mediano, cortado en cubos

- ½ cebolla dulce pequeña, finamente picada

- Hojas de lechuga

Instrucciones:

1. Tostar rebanadas de pan integral. Mezclar atún, yogur o mayonesa, tomate cortado en dados y cebolla. Cubrir un pan tostado con hojas de lechuga y esparcir la mezcla de atún en el sándwich. Unte el atún mezclado en el pan tostado con hojas de lechuga. Coloca otro disco como tapa encima. Disfruta del sándwich.

Nutrición:

Calorías 235

Grasa 3g

Proteína 27.8g

Sodio 350mg

Carbohidratos 25,9

Ensalada de quinua frita

Tiempo de preparación: 15 minutos

Tiempo de cocción: 0 minutos

Porciones: 2

Ingredientes:

- 2 tazas de quinoa cocida

- 1 mango, cortado y pelado

- 1 taza de fresa, cortada en cuartos

- ½ taza de arándanos

- 2 cucharadas de piñones

- Menta picada para adornar

- Vinagreta de limón:

- ¼ taza de aceite de oliva

- ¼ taza de vinagre de sidra de manzana

- Cáscara de limón

- 3 cucharadas de jugo de limón

- 1 cucharadita de azúcar

Instrucciones:

1. Para la vinagreta de limón, bata el aceite de oliva, el vinagre de sidra de manzana, la cáscara y el jugo de limón y el azúcar en un recipiente; déjelo a un lado. Combine la quinoa, las fresas de mango, los arándanos y los piñones en un tazón grande. Remover la vinagreta de limón y adornar con menta. Sirva y disfrute!

Nutrición:

Calorías 425

Hidratos de carbono 76.1g

Proteínas 11.3g

Grasa 10.9

Sodio 16mg

Envoltura de pavo

Tiempo de preparación: 15 minutos

Tiempo de cocción: 0 minutos

Porciones: 2

Ingredientes:

- 2 rebanadas de pechuga de pavo baja en grasa (estilo deli)

- 4 cucharadas de queso crema sin grasa

- ½ taza de hojas de lechuga

- ½ taza de zanahorias, cortadas en un palo

- 2 envoltorios caseros o envoltorios para tortillas de trigo integral comprados en la tienda.

Instrucciones:

1. Prepara todos los ingredientes. Esparce 2 cucharadas de queso crema sin grasa en cada envoltura. Arregla las hojas de lechuga, luego agrega una rebanada de pechuga de pavo; una rebanada de zanahoria en la parte superior. Enrollar y cortar por la mitad. Servir y disfrutar!

Nutrición:

Calorías 224

Hidratos de carbono 35g

Proteína 10.3g

Grasa 3.8g

Sodio 293mg

Envoltura de pollo

Tiempo de preparación: 15 minutos

Tiempo de cocción: 15 minutos

Porciones: 2

Ingredientes:

- 1 cucharada de aceite de oliva extra virgen

- Jugo de limón, dividido en 3 partes

- 2 dientes de ajo, picados

- 1 libra de pechugas de pollo sin piel y sin hueso.

- ½ taza de yogur griego sin grasa

- ½ cucharadita de pimentón

- Una pizca de sal y pimienta

- Salsa picante al gusto

- Pan de pita

- Rebanada de tomate

Instrucciones:

1. Para el adobo, bate una cucharada de aceite de oliva, el jugo de dos limones, ajo, sal y pimienta en un tazón. Añade las pechugas de pollo al marinado y colócalo en un Ziploc grande. Deje marinar de 30 minutos a 4 horas.

2. Para la salsa de yogur, mezclar el yogur, la salsa picante y el resto del jugo de limón, sazonar con pimentón y una pizca de sal y pimienta.

3. Calienta la sartén a fuego medio y cúbrela con aceite. Añada la pechuga de pollo y cocine hasta que se dore y cocine unos 8 minutos por cada lado. Retira de la sartén y descansa unos minutos, luego corta.

4. A un trozo de pan de pita, añada lechuga, tomate y rebanadas de pollo. Rocíenlo con la salsa de yogur picante preparada. ¡Sirve y disfruta!

Nutrición:

Calorías 348

Hidratos de carbono 8,7 g

Proteínas 56g

Grasa 10.2g

Sodio 198mg

Envoltura vegetal

Tiempo de preparación: 15 minutos

Tiempo de cocción: 0 minutos

Porciones: 2

Ingredientes:

- 2 envoltorios caseros o cualquier tortilla de harina

- ½ taza de espinacas

- 1/2 taza de brotes de alfalfa

- ½ taza de aguacate, cortado en rodajas finas

- 1 tomate mediano, cortado en rodajas finas

- ½ taza de pepino, cortado en rodajas finas

- Una pizca de sal y pimienta

Instrucciones:

1. Ponga 2 cucharadas de queso crema en cada tortilla. Coloca cada vegetal en capas según tu gusto. Una pizca de sal y pimienta. Enrollar y cortar por la mitad. Sirve y disfruta!

Nutrición:

Calorías 249

Hidratos de carbono 12,3 g

Proteína 5.7g

Grasa 21.5g

Sodio 169mg

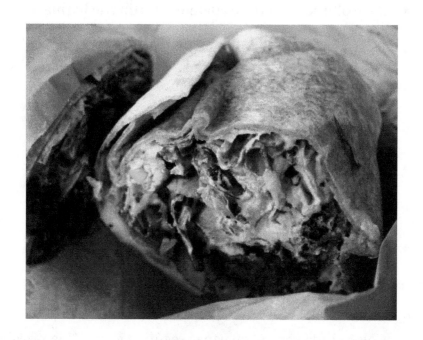

Envoltura de salmón

Tiempo de preparación: 15 minutos

Tiempo de cocción: 0 minutos

Porciones: 1

Ingredientes:

- 2 oz. de salmón ahumado

- 2 cucharaditas de queso crema bajo en grasa

- ½ cebolla roja de tamaño medio, en rodajas finas

- ½ cucharadita de albahaca fresca o albahaca seca

- Una pizca de pimienta

- Hojas de rúcula

- 1 Envoltura casera o cualquier tortilla integral

Instrucciones:

1. Envoltorios calientes o tortillas en una sartén o un horno caliente. Combina el queso crema, la albahaca, la pimienta, y unta en la tortilla. Cubrir con salmón, rúcula y cebolla en rodajas. Enrolle y corte en rodajas. Sirve y disfruta!

Nutrición:

Calorías 151

Hidratos de carbono 19,2 g

Proteína 10.4g

Grasa 3.4g

Sodio 316mg

Ensalada de pollo al eneldo

Tiempo de preparación: 15 minutos

Tiempo de cocción: 15 minutos

Porciones: 3

Ingredientes:

- 1 cucharada de mantequilla sin sal

- 1 cebolla pequeña, cortada en cubitos

- 2 dientes de ajo, picados

- 500g de pechugas de pollo sin piel y sin hueso

Ensalada:

- 2/3 taza de yogur sin grasa

- ¼ taza de mayonesa light

- 2 chalotas grandes, picadas

- ½ taza de eneldo fresco, finamente picado

Instrucciones:

1. Disuelva la mantequilla a fuego medio en una sartén ancha. Saltee la cebolla y el ajo en la mantequilla y las pechugas de pollo. Poner agua para cubrir las pechugas de pollo por 1 pulgada. Poner a hervir. Cubrir y reducir el fuego a fuego lento.

2. Cocina dentro de 8 a 10 minutos o hasta que el pollo esté bien cocido. Enfriar completamente. Desmenuzar el pollo finamente con dos tenedores. Poner a un lado. Bata el yogur y la mayonesa. Luego mezclar con el pollo. Añade los chalotes y el eneldo. Mezclar todo de nuevo. Sirve y disfruta!

Nutrición:

Calorías 253

Hidratos de carbono 9g

Proteína 33.1g

Grasa 9.5g

Sodio 236mg

Platos de acompañamiento

Cúrcuma Endivia

Tiempo de preparación: 10 minutos

Tiempo de cocción: 20 minutos

Porciones: 4

Ingredientes:

- 2 endibias, cortadas por la mitad a lo largo

- 2 cucharadas de aceite de oliva

- 1 cucharadita de romero, seco

- ½ cucharadita de polvo de cúrcuma

- Una pizca de pimienta negra

Instrucciones:

1. Mezclar las endibias con el aceite y los otros ingredientes en un molde de hornear, revolver suavemente, hornear a 400 grados F en 20 minutos. Servir como plato acompañante.

Nutrición:

Calorías 64

Proteína 0.2g

Hidratos de carbono 0.8g

Grasa 7.1g

Fibra 0.6g

Sodio 3mg

Potasio 50mg

Endibias parmesanas

Tiempo de preparación: 10 minutos

Tiempo de cocción: 20 minutos

Porciones: 4

Ingredientes:

- 4 endibias, cortadas por la mitad a lo largo

- 1 cucharada de jugo de limón

- 1 cucharada de cáscara de limón, rallada

- 2 cucharadas de parmesano sin grasa, rallado

- 2 cucharadas de aceite de oliva

- Una pizca de pimienta negra

Instrucciones:

1. En un plato para hornear, combine las endibias con el jugo de limón y los otros ingredientes excepto el parmesano y mezcle. Espolvorear el parmesano por encima, hornear las endibias a 400 grados F durante 20 minutos, y servir.

Nutrición:

Calorías 71

Proteína 0.9g

Hidratos de carbono 2.2g

Grasa 7.1g

Fibra 0.9g

Sodio 71mg

Potasio 88mg

Limón Espárrago

Tiempo de preparación: 10 minutos

Tiempo de cocción: 20 minutos

Porciones: 4

Ingredientes:

- Espárragos de una libra, recortados

- 2 cucharadas de pesto de albahaca

- 1 cucharada de jugo de limón

- Una pizca de pimienta negra

- 3 cucharadas de aceite de oliva

- 2 cucharadas de cilantro, picado

Instrucciones:

1. Arregla los espárragos en una bandeja de hornear forrada, añade el pesto y los otros ingredientes, revuelve, hornea a 400 grados F en 20 minutos. Sirva como un plato de acompañamiento.

Nutrición:

Calorías 114

Proteína 2.6g

Hidratos de carbono 4.5g

Grasa 10.7g

Fibra 2.4g

Sodio 3mg

Potasio 240mg

Zanahorias de cal

Tiempo de preparación: 10 minutos

Hora de cocinar: 30 minutos

Porciones: 4

Ingredientes:

- Zanahorias bebés de una libra, recortadas

- 1 cucharada de pimentón dulce

- 1 cucharadita de jugo de lima

- 3 cucharadas de aceite de oliva

- Una pizca de pimienta negra

- 1 cucharadita de semillas de sésamo

Instrucciones:

1. Coloca las zanahorias en una bandeja de hornear forrada, añade el pimentón y los demás ingredientes excepto las semillas de sésamo, revuelve y hornea a 400 grados F en 30 minutos. Divida las zanahorias entre los platos, espolvoree las semillas de sésamo en la parte superior y sirva como guarnición.

Nutrición:

Calorías 139

Proteína 1.1g

Hidratos de carbono 10.5g

Grasa 11.2g

4g de fibra

Sodio 89mg

Potasio 313mg

Sartén de patatas al ajo

Tiempo de preparación: 10 minutos

Tiempo de cocción: 1 hora

Porciones: 8

Ingredientes:

- Papas doradas de 1 libra, peladas y cortadas en trozos.

- 2 cucharadas de aceite de oliva

- 1 cebolla roja, picada

- 2 dientes de ajo, picados

- 2 tazas de crema de coco

- 1 cucharada de tomillo, picado

- ¼ cucharadita de nuez moscada, molida

- ½ taza de parmesano bajo en grasas, rallado

Instrucciones:

1. Calentar una sartén con el aceite a fuego medio, poner la cebolla más el ajo y saltear durante 5 minutos. Añade las patatas y dóralas durante 5 minutos más.

2. Añade la crema y el resto de los ingredientes, revuelve suavemente, ponlo a fuego lento y cocina a fuego medio

durante 40 minutos más. Dividir la mezcla entre los platos y servir como guarnición.

Nutrición:

Calorías 230

Proteína 3.6g

Hidratos de carbono 14,3 g

Grasa 19.1g

Fibra 3.3g

Colesterol 6mg

Sodio 105mg

Potasio 426mg

Repollo balsámico

Tiempo de preparación: 10 minutos

Tiempo de cocción: 20 minutos

Porciones: 4

Ingredientes:

- Una libra de col verde, rallada.

- 2 cucharadas de aceite de oliva

- Una pizca de pimienta negra

- 1 chalota, picada

- 2 dientes de ajo, picados

- 2 cucharadas de vinagre balsámico

- 2 cucharaditas de pimentón picante

- 1 cucharadita de semillas de sésamo

Instrucciones:

1. Calentar una sartén con el aceite a fuego medio, añadir el chalote y el ajo, y saltear durante 5 minutos. Añade la col y los demás ingredientes, revuelve, cocina a fuego medio durante 15 minutos, divide entre los platos y sirve.

Nutrición:

Calorías 100

Proteína 1.8g

Hidratos de carbono 8,2 g

Grasa 7.5g

Fibra 3g

Sodio 22mg

Potasio 225mg

Chili Brócoli

Tiempo de preparación: 10 minutos

Hora de cocinar: 30 minutos

Porciones: 4

Ingredientes:

- 2 cucharadas de aceite de oliva

- 1 libra de flores de brócoli

- 2 dientes de ajo, picados

- 2 cucharadas de salsa de chile

- 1 cucharada de jugo de limón

- Una pizca de pimienta negra

- 2 cucharadas de cilantro, picado

Instrucciones:

1. En un molde de hornear, combine el brócoli con el aceite, el ajo y el otro, revuelva un poco y hornee a 400 grados F durante 30 minutos. Dividir la mezcla entre los platos y servir como guarnición.

Nutrición:

Calorías 103

Proteína 3.4g

Hidratos de carbono 8.3gz

7.4g de grasa

3g de fibra

Sodio 229mg

Potasio 383mg

Coles de Bruselas calientes

Tiempo de preparación: 10 minutos

Tiempo de cocción: 25 minutos

Porciones: 4

Ingredientes:

- 1 cucharada de aceite de oliva

- Coles de Bruselas de una libra, recortadas y cortadas por la mitad

- 2 dientes de ajo, picados

- ½ taza de mozzarella baja en grasas, triturada

- Una pizca de copos de pimienta, aplastados

Instrucciones:

1. En un plato para hornear, combine los brotes con el aceite y los otros ingredientes, excepto el queso, y mézclelos. Espolvorear el queso por encima, introducirlo en el horno y hornearlo a 400 grados F durante 25 minutos. Dividir entre los platos y servir como guarnición.

Nutrición:

Calorías 111

Proteína 10g

Hidratos de carbono 11,6 g

Grasa 3.9g

Fibra 5g

Colesterol 4mg

Sodio 209mg

Potasio 447mg

Páprika Coles de Bruselas

Tiempo de preparación: 10 minutos

Tiempo de cocción: 25 minutos

Porciones: 4

Ingredientes:

- 2 cucharadas de aceite de oliva

- Coles de Bruselas de una libra, recortadas y cortadas por la mitad

- 3 cebollas verdes, picadas

- 2 dientes de ajo, picados

- 1 cucharada de vinagre balsámico

- 1 cucharada de pimentón dulce

- Una pizca de pimienta negra

Instrucciones:

1. En un molde de hornear, combine las coles de Bruselas con el aceite y los otros ingredientes, revuelva y hornee a 400 grados F en 25 minutos. Divida la mezcla entre los platos y sirva.

Nutrición:

Calorías 121

Proteína 4.4g

Hidratos de carbono 12,6 g

Grasa 7.6g

Fibra 5.2g

Sodio 31mg

Potasio 521mg

Puré de coliflor cremoso

Tiempo de preparación: 10 minutos

Tiempo de cocción: 25 minutos

Porciones: 4

Ingredientes:

- 2 libras de flores de coliflor

- ½ taza de leche de coco

- Una pizca de pimienta negra

- ½ taza de crema agria baja en grasas

- 1 cucharada de cilantro, picado

- 1 cucharada de cebollino picado

Instrucciones:

1. Poner la coliflor en una olla, añadir agua para cubrirla, ponerla a hervir a fuego medio, cocinarla durante 25 minutos y escurrirla. Triturar la coliflor, añadir la leche, la pimienta negra y la nata, batir bien, repartir entre los platos, espolvorear el resto de los ingredientes y servir.

Nutrición:

Calorías 188

Proteína 6.1g

Hidratos de carbono 15g

Grasa 13.4g

Fibra 6.4g

Colesterol 13mg

Sodio 88mg

Potasio 811mg

Ensalada de aguacate, tomate y aceitunas

Tiempo de preparación: 5 minutos

Tiempo de cocción: 0 minutos

Porciones: 4

Ingredientes:

- 2 cucharadas de aceite de oliva

- 2 aguacates, cortados en cuñas

- 1 taza de aceitunas kalamata, sin hueso y cortadas por la mitad

- 1 taza de tomates, cortados en cubos

- 1 cucharada de jengibre rallado

- Una pizca de pimienta negra

- 2 tazas de rúcula para bebés

- 1 cucharada de vinagre balsámico

Instrucciones:

1. En un tazón, combine los aguacates con la kalamata y los otros ingredientes, revuelva y sirva como un plato de acompañamiento.

Nutrición:

Calorías 320

Proteína 3g

Hidratos de carbono 13,9 g

Grasa 30.4g

Fibra 8.7g

Sodio 305mg

Potasio 655mg